Welt des Wissens

Das grosse Buch der Vögel

Die Deutsche Bibliothek – CIP-Einheitsaufnahme

Ein Titeldatensatz für diese Publikation ist bei
Der Deutschen Bibliothek erhältlich

Ein Dorling Kindersley Buch

1 2 3 03 02 01

Lizenzausgabe für den Ravensburger Buchverlag
Otto Maier GmbH

Titel der deutschen Originalausgabe: Im Reich der Vögel

Übersetzung aus dem Englischen: Michael Schmidt
Umschlaggestaltung: wg3, Reinhard Raich
Printed in Germany
ISBN 3-473-35940-8

www.ravensburger.de

WELT DES WISSENS

DAS GROSSE BUCH DER VÖGEL

Ravensburger
Buchverlag

Inhalt

Was ist ein Vogel?

Jedes Tier mit Federn ist ein Vogel. Alle Vögel haben Federn, auch die Arten, die nicht fliegen können. Diese gefiederten Flieger haben wie Flugzeuge einen glatten Körper, der durch die Luft gleiten kann. Sie schwingen sich über schneebedeckte Berge, schwirren durch feuchte Dschungel und gleiten über Meereswogen. Auf der Erde gibt es über 100 Milliarden Vögel.

Der erste Vogel
Dieser hühnergroße Archäopteryx lebte vor über 150 Millionen Jahren. Er hatte Zähne wie ein Dinosaurier, aber auch Federn – also war er ein Vogel.

Die Arme der Vögel sind ihre Flügel.

Vögel atmen ebenso wie ihr mit Lungen. Zusätzlich ist ihre Lunge mit Luftsäcken verbunden, die sogar bis in die Knochen reichen.

Schuppige Zehen

Vögel haben einen hornigen Schnabel ohne Zähne.

Dieser »Sack« ist der Kropf. In ihm kann Nahrung gespeichert und zum Füttern der Jungen wieder hochgewürgt werden.

Kauen ohne Zähne
Die heutigen Vögel haben keine Zähne, mit denen sie ihre Nahrung zerkauen könnten. Dafür besitzen sie ein besonderes Zerkleinerungsorgan, den Muskelmagen, der die Nahrung durch Muskelkraft zerdrückt.

Viele Vögel schlucken Sand. Er bleibt im Muskelmagen und zerkleinert die Nahrung.

Kot verläßt den Körper.

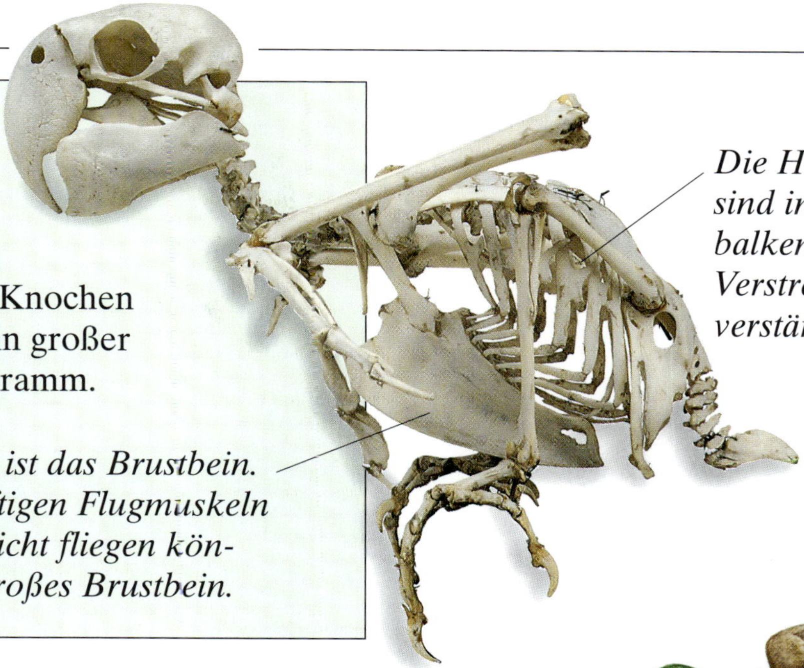

Vogelskelett
Die Knochen in diesem Papageienskelett unterscheiden sich von euren Knochen: Sie sind wie bei den meisten Vögeln hohl wie Strohhalme. Massive Knochen wären zu schwer zum Fliegen. Sogar ein großer Steinadler wiegt weniger als vier Kilogramm.

Die Hohlknochen sind innen durch balkenartige Verstrebungen verstärkt.

Diese Knochenplatte ist das Brustbein. An ihm sind die kräftigen Flugmuskeln befestigt. Vögel, die nicht fliegen können, haben kein so großes Brustbein.

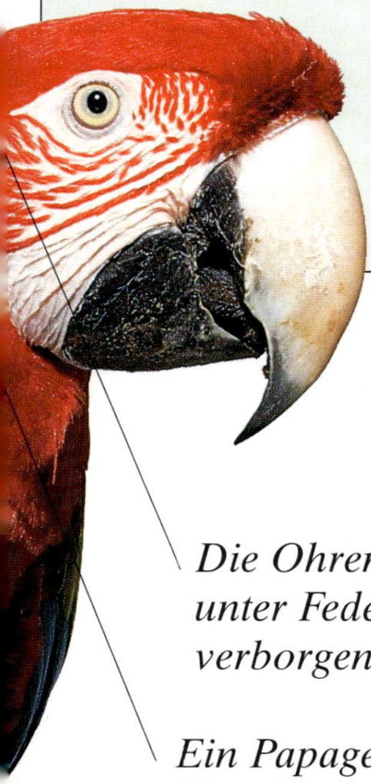

Die Ohren sind unter Federn verborgen.

Ein Papagei hat mehr Knochen in seinem Hals als eine Giraffe!

Groß und klein
Manche Vögel sind größer als Menschen, andere kleiner als Bienen.

Brautente

Quetzal

Anden-Felsenhahn

Wiedehopf

Hummelkolibri

Königspinguin

Wenn wir in diesem Buch auftreten, seht ihr, wie groß Vögel wirklich sind.

Lachender Hans

Flamingo

Strauß

Federn und Flug

Drei Gruppen von Tieren können fliegen: Vögel, Fledermäuse und Insekten. Die Vögel mit ihrem Federkleid sind wohl die besten Flieger. Sie sind fast ganz mit langen, leichten oder kleinen, weichen Federn bedeckt – gewöhnlich sind nur der Schnabel, die Augen, Beine und Füße der Vögel nackt. Federn halten sie warm und trocken und ermöglichen es ihnen, in der Luft zu bleiben.

Federn sind wie eure Haare und Nägel aus Keratin.

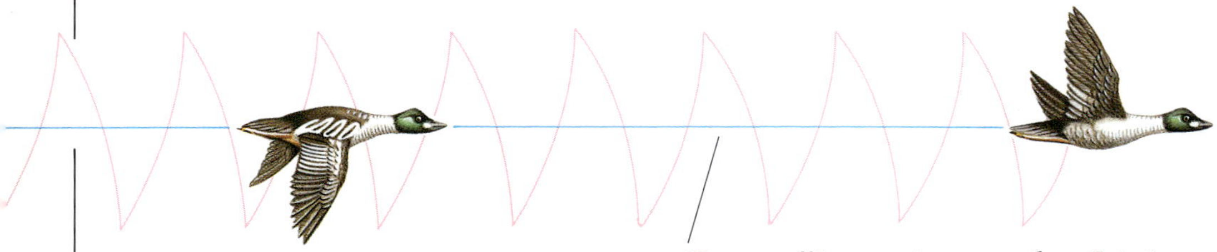

Enten fliegen in gerader Linie.

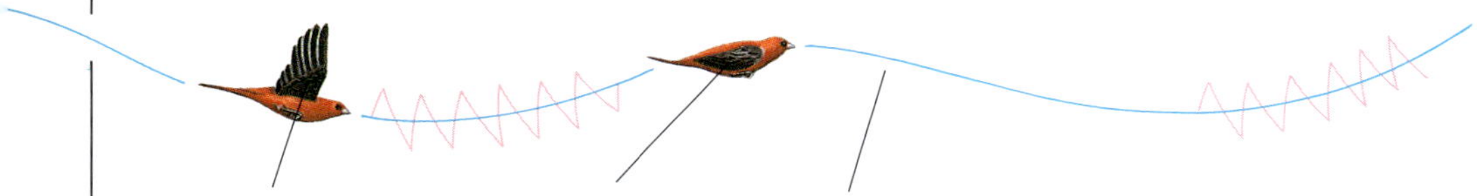

Flattern

Gleitflug

Finken fliegen wellenförmig: Sie schlagen mit den Flügeln und gleiten dann ein Stück.

Flugmuster
Fliegen ist schwere Arbeit. Viele große und starke Vögel schlagen im Flug ständig mit den Flügeln; bei anderen, kleineren Vögeln wechseln Flügelschlag und Gleitflug ab.

Windkraft
Haltet ein Stück Papier dicht an den Mund und blast fest darüber – das Papier hebt sich. Auch Luft, die über einen Vogelflügel weht, trägt ihn und den Vogel hoch in den Himmel. Da die darüberstreichende Luft schneller fließt als die Luft unter dem Flügel, kommt es zu diesem Auftrieb.

Wasserabweisende Deckfedern halten den Vogel trocken.

Flatterflug

Wenn diese Taube die Flügel nach unten schlägt, überdecken sich die Federn und drücken gegen die Luft. Beim Aufwärtsschlagen dagegen strömt die Luft zwischen den Federn hindurch.

Unter seinen Deckfedern trägt der Vogel ein warmes Kleid aus Flaumfedern.

Dieser Rotsittich hat etwa 4 000 Federn.

Erwachsene Vögel verlieren alte Federn und bilden neue. Das nennt man Mauser.

Mit Hilfe ihrer Schwungfedern können sich Vögel wie mit Rudern durch die Luft bewegen.

Mit Hilfe dieser Deckfedern erhebt sich der Vogel in die Luft.

Schwanzfedern dienen zum Steuern und Bremsen.

Verhakt

Jede Flugfeder enthält über eine Million winziger Häkchen. Diese Hakenstrahlen sind miteinander verflochten und halten die Feder selbst bei starkem Wind in Form.

Waschen und Säubern

Vögel halten ihre Federn durch Putzen sauber und in Ordnung. Sie ziehen jede Feder durch den Schnabel, bringen sie so in Form und befreien sie von Ungeziefer. Die meisten Vögel fetten ihre Federn auch noch mit Öl aus der Bürzeldrüse über dem Schwanz und machen sie so wasserabweisend.

Nestbau

Ein Nest ist eine Wiege, in der Eier und Küken vor Feinden wie Schlangen und Ratten verborgen sind. Als Nester können Baumlöcher, Erd- oder Zweighaufen dienen. Grünfinken bauen korbförmige Nester im Gebüsch, wo man sie nicht sehen kann, während Adlerhorste leicht zu sehen, aber schwer zugänglich sind. So erhalten die Küken jeder Art gute Chancen, groß zu werden.

Balzen
Zur Paarung werben Vogelmännchen um die Weibchen. Pfauen schlagen dabei ein Rad.

Tierhaar

Samen

Schnur

Alufolie

Baumaterial
Vögel bauen ihre Nester aus allen möglichen Dingen. Die meisten Vögel benutzen Zweige und Blätter, manche aber auch so merkwürdige Dinge wie Schnur.

Viele Singvögel halten ihr Nest mit klebrigen Spinnweben zusammen.

Vögel tragen auf Tausenden von Flügen ihr Nestbaumaterial zusammen.

Kinderzimmer bauen
Bei vielen Vogelarten bauen beide Eltern das Nest. Diese Amerikanischen Graureiher trampeln auf Zweigen herum und formen ein großes korbförmiges Nest.

Eier suchen
Sandregenpfeifer bauen kein Nest. Sie legen ihre kieselfarbigen Eier am Strand ab.

Ohne Lehrer
Webervögel sind hervorragende Nestbauer, ohne daß sie das lernen oder andere Vögel nachmachen. Dieses angeborene Wissen nennt man Instinkt.

Stricknest

Zuerst verknotet der Webervogel mit Schnabel und Füßen Gras.

Dann wird Gras zu einem Ring vernäht.

Nachdem er Wände, Dach und Tür gewoben hat, hängt das Männchen kopfüber vor seinem Heim und lädt ein Weibchen zum Einzug ein.

Korbförmige Nester haben Wände, damit die Eier nicht hinausrollen.

Vogelbabys brauchen keine Kissen – sie liegen auf weichen Federn.

Nester in Bäumen und Büschen werden durch Blätter wie von kleinen Schirmen trocken gehalten.

Auch Flechten werden verwendet.

Moos hält die Eier trocken.

Diese Nestmulde entstand dadurch, daß ein Grünfink das Material mit seiner Brust zurechtdrückte und sich dabei drehte.

Grabende Bienenfresser
Bienenfresser nisten im Boden. Das Männchen pickt an einer Uferböschung gegen die Erde. Hat es so einen Spalt geschaffen, beginnt es mit Schnabel und Füßen zu graben. Wenn es fertig ist, zieht das Weibchen ein.

Familienleben

Das Familienleben der Vögel ist meist kurz, aber bewegt. Nach der Paarung legt das Weibchen die Eier, gewöhnlich in ein Nest. Die Vogelbabys oder Küken wachsen nicht in der Mutter heran – damit wäre sie zu schwer zum Fliegen. Nach dem Schlüpfen fressen die Küken und wachsen, bis sie fliegen und ihr Heim verlassen.

Babysitten
Eier müssen warm gehalten oder bebrütet werden, sonst sterben die kleinen Vögel darin. Daher sitzen die Eltern auf ihnen.

Was ist in einem Ei?
Alle Vogeleier enthalten das gleiche: ein heranwachsendes Küken, das sich vom Eidotter ernährt und, von wäßrigem Eiweiß umgeben, vor Stößen geschützt ist. Spechte und Grasmücken schlüpfen bereits nach 11 Tagen – Albatrosse erst nach 11 Wochen.

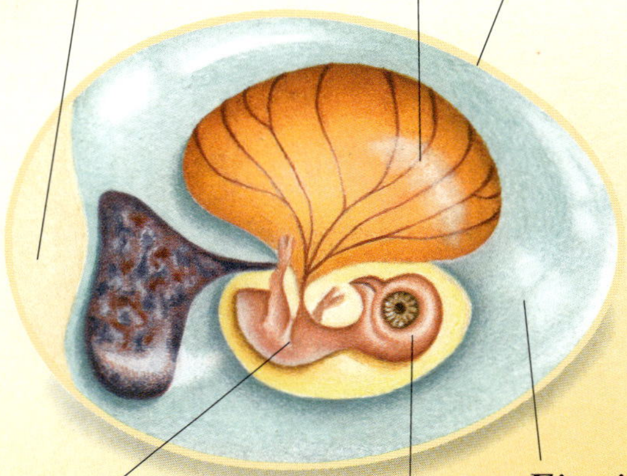

Straußenei (Originalgröße)

Kolibri-Ei (Originalgröße)

Pick, pick, pick …
Ein Ei verlassen nennt man Schlüpfen. Das Küken pickt gegen die harte Schale, bis es nach vielen Stunden oder Tagen frei ist!

Erster Riß

Das Küken piepst und teilt so seinen Eltern mit, daß es schlüpft.

Das stumpfe Ende des Eies wird vom Küken mit einem hornigen Sporn, dem Eizahn, abgepickt.

Leere Schale

Fast erwachsen
Wenn Küken ihr Nest verlassen, nennt man sie Jungvögel. Viele werden von Raubtieren gefressen, aber einige werden überleben und wiederum Junge haben.

Füttere mich!
Nesthocker sind nach dem Schlüpfen blind, nackt und hilflos und müssen gefüttert werden.

Die Eltern stopfen Nahrung in die hellen Schnäbel ihrer Küken.

Schnelle Küche
Blaumeisen bringen ihren hungrigen Küken täglich über 1 000 saftige Raupen und Blattläuse ans Nest.

Raupe

Enten öffnen gleich nach der Geburt die Augen.

Dem Leittier folgen
Entenbabys folgen dem ersten großen, bewegten Ding, das sie sehen – normalerweise ihren Eltern. Diesen Vorgang nennt man Prägung.

Wie die meisten Wasservögel kann dieses Entlein schon eine Stunde nach dem Schlüpfen gehen, schwimmen und fressen.

Bald trocknen die nassen, klebrigen Flaum- oder Daunenfedern.

Nachdem das Küken mit dem Kopf voran geschlüpft ist, ist es sehr erschöpft.

Nach ein paar Tagen fällt dieser Eizahn ab.

Im kalten Norden

Der Nordpol liegt mitten in einem gefrorenen Ozean, der von einem kalten, baumlosen, verschneiten Land, der Tundra, umgeben ist. Nur wenige Vögel können die langen, dunklen Winter der Tundra überleben. Doch im Sommer, wenn die Sonne nie untergeht, kommen Millionen Vögel, brüten und ziehen ihre Jungen auf. Blumen blühen, und die Luft ist voll summender Insekten. Aber nach ein paar kurzen Wochen fliegen die Sommergäste wieder in den Süden.

Die große Schmelze
Im Sommer schmilzt das Eis. Aber das Wasser versickert nicht im gefrorenen Boden, sondern bildet viele Seen – ideal für Enten!

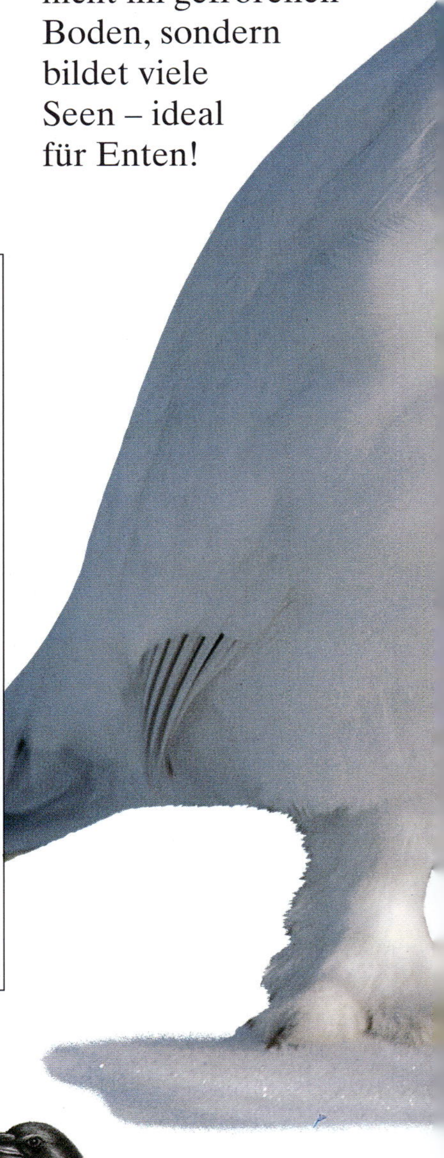

Aus der Vogelschau
Die Augen der Greifvögel sitzen vorn am Kopf. Da sich das Blickfeld beider Augen überlappt, sehen sie genau, wie weit ihre Beute entfernt ist. Vögel, die von anderen Tieren gefressen werden, haben Augen seitlich am Kopf. So entgeht ihnen kaum eine Gefahr.

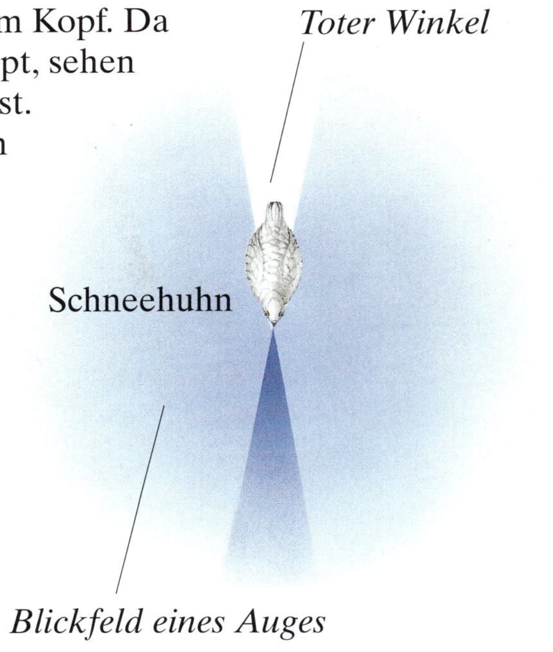

Tundrabewohner

Schnee-Eule

Schneeammer

Gerfalke

Kolkrabe

Das zähe Schneehuhn überlebt den Winter, indem es Zwergweidenzweige frißt.

Vögel haben durchsichtige Augenlider, die die Augen feucht halten, sie aber auch noch sehen lassen.

Schneehühner wärmen sich durch Zittern auf.

Schneeweiße Federn tarnen das Schneehuhn.

Aufruhr
Thorshühnchen fangen kleine Tiere vom Seeboden, indem sie in Kreisen schwimmen. Dabei wirbelt das Wasser auf und reißt die Tierchen mit. Gebt einige Knöpfe in eine Wasserschüssel, rührt um und seht, was passiert.

Entendaunen
Eiderenten polstern ihr Nest mit weichen Daunen aus. Menschen sammeln diese Daunen für weiche Kissen.

Eiderdaunen

Sommerkleid
Moorschneehühner brauchen im Sommer keinen dicken weißen Mantel. Sie mausern sich und bekommen dunkelrote Federn.

Moorschneehühner sind etwa 35 cm groß und leben vor allem in der Arktis.

Wie große Wollsocken halten diese Federn die Beine, Füße und Zehen des Schneehuhns warm.

Sommergäste

Kampfläufer

Thorshühnchen

Rothalsgans

Prachteiderente

In großer Höhe

Wenn man einen Berg besteigt, wird es immer kälter – selbst wenn unten tropische Wälder wachsen, kann oben Schnee liegen. Dazwischen liegen Streifen von Bergwald, Wiesen und Tundra, wo verschiedene Vögel leben. Hoch oben am stürmischen Gipfel jagen Alpendohlen und segeln Adler. Ein Rätsel, wie sie überleben – Menschen benötigen Sauerstoffgeräte, wenn sie so hoch hinaufklettern.

Lange Flügel sorgen für Auftrieb.

Bergsteiger Himalaja-Glanzfasane können nicht sehr gut fliegen. Sie fliehen vor einer Gefahr, indem sie bergab fliegen – und dann zurücklaufen!

Frecher Papagei
Der Kea ist ein ungewöhnlicher Papagei aus den Bergen Neuseelands. Er frißt Fleisch genauso gern wie Obst.

Keas schreien beim Fliegen »Keaaa«.

Keas hacken gern an Autoreifen und reißen mit ihren starken Klauen und Schnäbeln Campingzelte um.

Adler segeln in Warmluftspiralen, der Thermik, nach oben – das ist leichter als durch Flügelschlagen.

Eigenes Reich
Jedes große Schwarzadlerpaar benötigt ein Jagdgebiet oder Territorium von mindestens 12 Quadratkilometern zur Versorgung seiner Familie. Andere Adler werden angegriffen und vertrieben.

Adler schreien bei Gefahr.

Schwarzadler leben in Afrika. Weibchen sind meist größer als Männchen und haben eine Flügelspannweite von über zwei Metern.

Große Adler haben fingerartig gespreizte Flügelspitzen, die den Wind einfangen und mehr Auftrieb erzeugen.

Dieser Vogel hat eine Feder verloren. Wenn er alle Federn auf einmal verlöre, könnte er nicht fliegen.

Adlerbeute

Klippschliefer

Dik-Dik-Antilope

Am Dach der Welt
Die Bergsteiger hatten sich durch Eis, Schnee und eisige Winde fast bis zum Gipfel des Mount Everest hochgekämpft. Und was sahen sie? Große schwarze Vögel: Alpendohlen!

Wenn er die Spitze einer Thermik erreicht hat, gleitet er zur Basis der nächsten.

Im lautlosen Sturzflug vom Berggipfel herab überrascht der Adler seine Beute. Der Klippschliefer sieht die Gefahr nicht und wird in die Luft gerissen.

Im Nadelwald

Nadelbäume wie Kiefern, Zedern und Tannen bedecken ein Zehntel der Landmasse unserer Erde. Diese großen Bäume haben Nadelblätter und Zapfen. Im Nadelwald leben viele Vögel, von samenfressenden Zeisigen bis zu großen Greifvögeln. In den von Menschen gepflanzten Nadelwäldern gibt es weniger Vögel: Die Bäume sind alle gleich groß, und das Licht gelangt nicht bis zum Boden.

Der Schwanz des Zeisigs wird gespreizt und wirkt als Bremse.

Diese Feder heißt Alula – sie ist mit dem Vogeldaumen verbunden.

Die Füße sind gestreckt, um den Zweig zu packen.

Dieser Japanische Seidenschwanz hat ein Büschel kleiner Federn, eine Haube, auf dem Kopf.

Seidenschwänze verdanken ihren Namen der schönen, seidig glänzenden Schwanzspitze.

Sicherer Schlaf
Wenn Vögel beim Absitzen oder Hocken ihre Beine abbiegen, werden die Zehen durch Muskeln automatisch gekrümmt. Jetzt kann der Vogel selbst im Schlaf nicht vom Ast fallen.

Läusejäger
Ein Schwarzkopfhäher läßt Ameisen über seine Federn krabbeln. Die von ihnen verspritzte Ameisensäure tötet lästige Milben und Federlinge.

Ameisen

Zapfenöffner

Kreuzschnäbel knacken Zapfen wie mit einem Büchsenöffner. Fichtenkreuzschnäbel fressen Fichtensamen, kräftigere Arten öffnen sogar Kiefernzapfen.

Lärchenzapfen

Fichtenzapfen

Kiefernzapfen

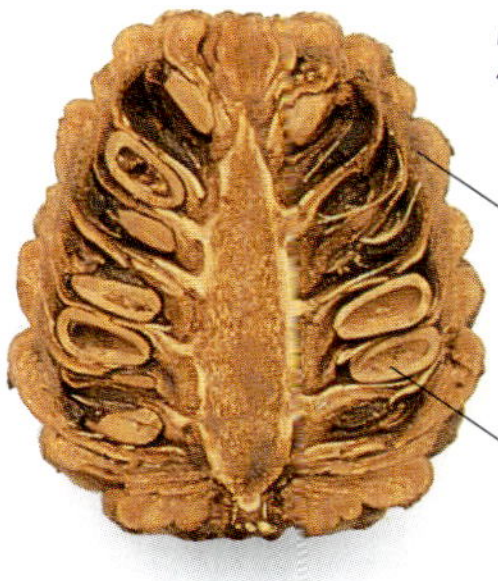

Zapfeninneres

Holzige Schuppen

Leckerer Samen

Gekreuzter Schnabel

Ein weiblicher Fichtenkreuzschnabel ist graugrün – die Männchen sind rot.

Ausgehungert

Alle paar Jahre ist der Winter kälter als sonst. Dann wandern Kreuzschnäbel und Seidenschwänze in wärmere Wälder zur Nahrungssuche.

Der Zeisig öffnet die Flügel und bremst ab.

Landung

Vögel müssen vor der Landung abbremsen, aber nicht zu stark – sonst können sie wie Flugzeuge überziehen und abstürzen. Indem sie die Alula ausstrecken, verändern sie den Luftstrom über dem Körper und vermeiden Bruchlandungen.

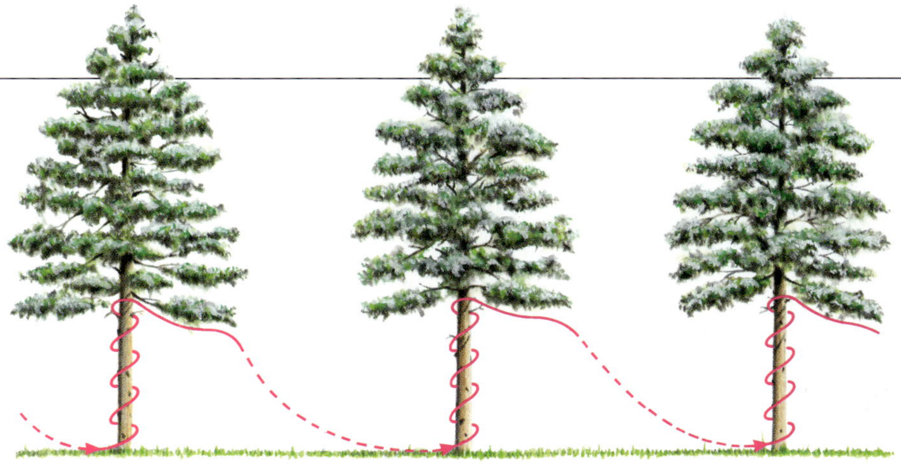

Hinauf und hinüber

Wie eine kleine gefiederte Maus krabbelt der Baumläufer auf der Suche nach Spinnen und Ohrwürmern Bäume hinauf. Er beginnt ganz unten, saust rund um den Stamm hoch, läuft den ersten großen Ast entlang und hüpft dann hinunter zum nächsten Baum.

Im Laubwald

Große Teile von Europa und Amerika waren einst von Laubbäumen bedeckt. Die meisten dieser Ahorn-, Buchen- und Eichenwälder wurden abgeholzt, um Ackerland und Städten Platz zu machen. Geht in die erhaltenen Wälder, dann findet ihr noch manche der hübschen Vögel, und wenn ihr sie im dichten Laub nicht seht, könnt ihr sie hören. Singvögel wie die Nachtigall flöten Tag und Nacht.

Kunstflieger
Waldvögel wie diese kecke Blaumeise haben kurze Flügel. Damit kurven sie kreuz und quer zwischen den Bäumen.

Die Füße von Spechten sind fürs Klettern geschaffen: Zwei Zehen zeigen nach hinten.

Harter Schnabel

Dieser Buntspecht mit seinem harten Schädel bekommt vom Klopfen keine Kopfschmerzen.

Wer da?
Tock, tock – ein Specht hämmert mit seinem Schnabel gegen einen Baumstamm und holt Insekten heraus.

Spechte stützen sich mit ihren langen, steifen Schwanzfedern am Stamm ab und können so in Ruhe fressen.

Trauerschnäpper auf Fliegenjagd

Waldkäuze schlafen am Tag. Dieser wird von Vögeln geweckt, die ihr Nest in der Nähe haben.

Rotkehlchen grenzen durch Gesang ihr Revier ab.

Singdrosseln öffnen Schnecken, indem sie sie gegen Steine schlagen.

Wenn das Laub fällt
Die meisten Laubbäume werfen ihre Blätter zum Winter ab. Wie diese Eberesche tragen viele im Herbst saftige Beeren, die vielen Waldvögeln munden.

Untergeschoben
Kuckucke legen ihre Eier in die Nester anderer Vögel, die ihnen das Ausbrüten abnehmen.

Großes Kuckucksei im Nest einer Heckenbraunelle

Sobald das Kuckucksbaby geschlüpft ist, stößt es die anderen Eier aus dem Nest.

Die winzige Braunelle füttert den riesigen jungen Kuckuck.

In Sümpfen und Marschen

Säbelschnäbler

Sümpfe und Marschen, halb Wasser, halb Land, sind für Tausende von Vögeln eine ideale Heimat voller Nahrung. Vögel, die in baumbestandenen Sümpfen oder düsteren Marschen leben, schwimmen oder waten durchs Wasser. Letztere nennt man Watvögel. Sie haben lange Beine, die zuweilen dünner als ein Bleistift sind.

Teichrohrsänger bauen ihre Nester hoch über dem Wasser ins Schilf, wo Eier und Küken nicht naß werden.

Junge Rote Ibisse haben graue Federn. Sie bekommen erst nach mehreren Jahren rote Federn.

Lange rote Flügel mit schwarzer Spitze

Kein Knie, sondern ein Knöchel!

Hoch aufgehängt
Füchse und andere Eierdiebe können nicht auf Sumpfland laufen. Teichrohrsänger bauen im hohen Schilf, wo es sicher ist, ihr Nest. Es ist fest am Halm verzurrt und fällt auch bei Wind nicht herunter.

Rote Ibisse sind etwa 46 Zentimeter groß und leben in Sümpfen Südamerikas.

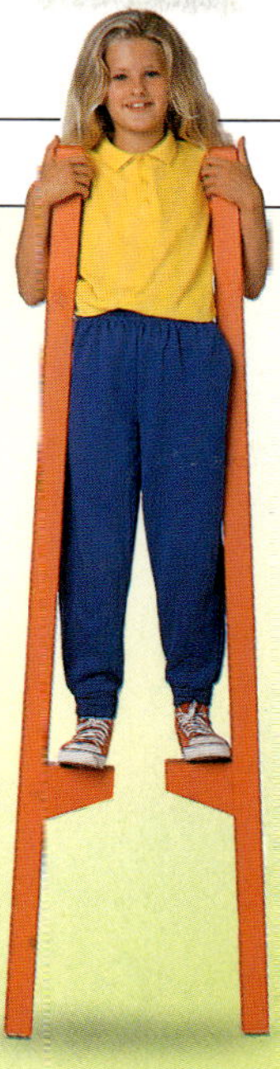

Hoch droben
Auf Stelzen habt ihr längere Beine und könnt durch Pfützen laufen, ohne naß zu werden. Auch der Stelzenläufer, ein kleiner Watvogel, hat ganz lange Beine – wie Stelzen. So bleibt sein Gefieder trocken.

Löffelweise
Störche spießen auf, Schuhschnäbel schaufeln, Flamingos und Löffler sieben – all diese erstaunlichen Schnäbel oder Löffel fassen Nahrung.

Weißer Löffler

Afrikanischer Sattelstorch

Schuhschnabel

Rosaflamingo

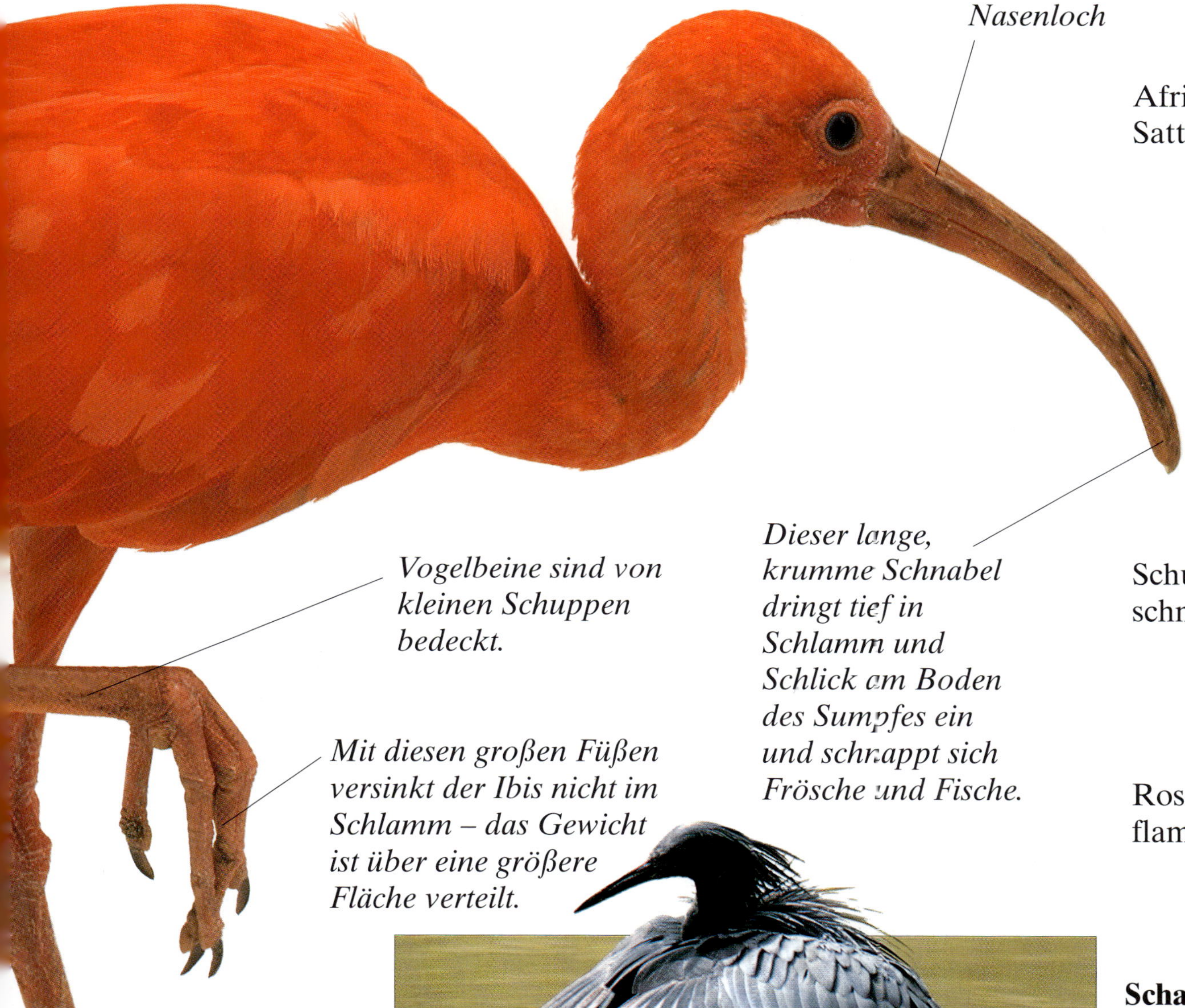

Nasenloch

Dieser lange, krumme Schnabel dringt tief in Schlamm und Schlick am Boden des Sumpfes ein und schnappt sich Frösche und Fische.

Vogelbeine sind von kleinen Schuppen bedeckt.

Mit diesen großen Füßen versinkt der Ibis nicht im Schlamm – das Gewicht ist über eine größere Fläche verteilt.

Schattiger Vogel
Wenn die Sonne sich im Wasser spiegelt, sind Fische kaum zu erkennen. Glockenreiher haben einen Trick: Sie fischen im Schatten ihrer Flügel.

An Seen und Flüssen

Noch sind Seen und Flüsse Lebensraum für Scharen von Enten, Gänsen, Schwänen und vielen ungewöhnlichen Vögeln. Überall auf der Welt könnt ihr diese Wasservögel sehen, denn viele haben kaum Angst vor Menschen und leben auch auf Gewässern in Städten.

Schwimmflossenfüße
Wasservögel haben Schwimmfüße, mit denen sie sich wie mit Schwimmflossen durchs Wasser bewegen.

Platsch!
Ein leuchtendblauer Eisvogel stürzt sich – die Flügel gefaltet und Augen und Nasenlöcher fest geschlossen – in Flüsse und fängt Fische, die halb so groß sind wie er. Er muß gegen die reißende Strömung ankämpfen, aber schon bald fliegt er mit seiner Beute davon.

Wassertänzer
Diese Renntaucher tanzen. Sie sausen in einer Linie über den See, und der beste Tänzer wird vom Weibchen erwählt.

Wasserstartbahnen
Schwere Wasservögel können nicht auf der Stelle landen oder starten – sie brauchen wie Flugzeuge eine Startbahn.

Nahrungssuche

Jede Entenart ernährt sich anders. Einige nippen und stippen mit dem Schnabel ins Wasser und sieben kleine Pflanzen und Tiere ab. Andere tauchen mehrere Meter unter Wasser und fressen Pflanzen, Muscheln und Insekten vom Bodengrund.

Wasservögel

Schwarzer Schwan

Ohrentaucher

Blatthühnchen

Ruderente

Stockenten sind etwa 40 Zentimeter groß und leben auf der ganzen Welt.

Männliche Stockenten haben im Unterschied zu Weibchen einen grünen Kopf.

Von den wasserabweisenden Federn perlt das Wasser ab.

Männliche Stockente (Erpel)

Enten verlieren alle Flugfedern bei der Mauser, so daß sie ein paar Wochen lang nicht fliegen können.

Stockentenweibchen quaken lauter als Männchen.

Weibliche Stockente

Luftpolster zwischen den 12 000 dichtgefügten Federn der Stockente erleichtern das Schwimmen.

Wilde Stockenten können 16 Jahre alt werden, meist werden sie aber nur 2 oder 3 Jahre alt.

Schwimmfuß

Meeresvögel

Papageitaucher und Tölpel leben wie alle Meeresvögel die meiste Zeit im Jahr auf dem Meer. Im Sommer aber kommen sie zum Brüten ans Ufer. Die meisten nisten in großen Kolonien. Hier, wo Tausende von Augen nach Gefahr Ausschau halten, sind die Tiere sicherer. Manche Meeresvögel drängen sich auf steilen Klippen, unerreichbar für viele Eierdiebe.

Wenn Silbermöwenküken an diesen roten Fleck picken, werden sie gefüttert.

Mit diesen langen Schwingen fängt die Silbermöwe den Wind und läßt sich wie ein Drachen hoch hinauf tragen.

Meeresvögel verbringen ihr Leben meist in der Luft und stehen nur selten auf ihren schwachen Beinen.

Wasserabweisendes Federkleid

Schwimmfüße

Meeresvögel werden auf langen Flügen nicht müde, weil sie stundenlang ohne Flügelschlag gleiten können.

Tölpel tauchen aus bis zu 30 Metern Höhe ins Meer – fast 100 km/h schnell.

Sturztaucher

Hat ein Tölpel einen Fischschwarm entdeckt, stürzt er sich mit gefalteten Flügeln ins Wasser. Sekunden später hat er den Fisch unter Wasser verschlungen und fliegt davon.

Knochenklappen bedecken die Nasenlöcher.

Der harte Schädel schützt den Tölpel wie ein Sturzhelm.

Der speerförmige Schnabel ist ideal zum Fischefangen.

Spiel der Lüfte
Trifft der Wind auf eine Klippe, schießt er nach oben. Meeresvögel wie Papageitaucher lassen sich von dieser Brise mit ausgebreiteten Flügeln zu ihren luftigen Nestern hochtragen.

Papageitaucher haben wulstige Schnabelwinkel, mit denen sie Fische festhalten, während sie nach neuen schnappen.

Kreiseleier
Trottellummen bauen keine Nester. Ihre Eier sind an einem Ende zugespitzt, so daß sie nur im Kreis rollen und nicht von der Klippe fallen.

Hochhausbewohner
Eine Klippe ist wie ein Hochhaus. Krähenscharben nisten in Höhlungen im Erdgeschoß.

Lebende Kiesel
Sandregenpfeifer leben am Strand. Sie sind hervorragend getarnt.

Im Regenwald

Baumriesen, die bis in den Himmel zu ragen scheinen, bilden mit ihren Kronen ein grünes Blätterdach. Darunter leben Tausende von herrlichen wie seltsamen Vögeln: In den feuchtheißen Dschungeln sind über die Hälfte der 9 000 Vogelarten der Welt beheimatet. Lärmende Papageien sammeln Früchte und Nüsse, farbenprächtige Honigsauger schlürfen Blütensaft, und Harpyien stoßen auf schnatternde Affen hinab.

Riesentukane sind etwa 35 Zentimeter groß und leben in Südamerika.

Beim Schlafen läßt der Tukan seinen großen, farbenfrohen Schnabel auf dem Rücken ruhen.

Dieser Schnabel ist leichter, als er aussieht. Er ist hohl und wird innen von dünnen Knochenstreben gestützt und verstärkt.

Dank dem sägezahnartigen Rand seines Schnabels kann der Tukan auch große Früchte zerteilen.

Große Reichweite
Mit seinem langen, unförmigen Schnabel erreicht der Tukan auch weiter entfernte Früchte und Beeren. Er pflückt sie und läßt sie in die Kehle rollen.

Graupapageien sind etwa 25 Zentimeter groß und leben in Afrika.

Mit ihrem starken, gekrümmten Schnabel knacken Papageien auch harte Nüsse.

Papageien gibt es in allen Farben. Aber selbst prächtig gefärbte sind im Blätterwald nur schwer zu erkennen.

Papageien halten ihre Nahrung mit den Klauen – die einen mit dem rechten, andere mit dem linken Fuß.

Der lange, dünne Schnabel des Kolibris reicht genau bis zum Grund der Blüte.

Kolibris können als einzige Vögel rückwärts fliegen.

Schwebende Kolibris
Durch blitzschnelle Flügelschläge können Kolibris vor einer Blüte schweben. Dann saugen sie deren Saft, Nektar genannt, aus.

Bunte Federn

Flaggenträger

Prachtparadiesvogel

Königsvogel

Großer Paradiesvogel

Kikeriki!
Unser Haushuhn stammt wohl vom tropischen Bankivahuhn ab. Diese Wildvögel ähneln unseren Hühnern, legen aber nicht so viele Eier.

In Steppe und Savanne

Zwischen feuchten Wäldern und trockenen Wüsten liegt Grasland. Diese wogenden Grasmeere heißen im tropischen Afrika Savannen, in kälteren Regionen Prärien, Pampas oder Steppen. Sie sind als gutes Ackerland wichtig für den Menschen. Für viele Vögel sind sie ein idealer Lebensraum: Sie können sich im hohen Gras verstecken und finden dort reichlich Futter.

Kronenkranich

Mahlzeit für zwei
Honiganzeiger lieben Bienenwachs, kommen aber nicht ans Bienennest heran. Sie müssen warten, bis der Honigdachs das Nest aufgerissen hat.

Der Honiganzeiger fliegt voran.

Der Dachs läßt genug für den wartenden Vogel übrig.

Bienen

Sieht ein Madenhacker einen Löwen, warnt er den Büffel mit lauten Rufen vor der Gefahr.

Mit ihren starken, scharfen Klauen klammern sich Madenhacker am dicken Fell fest.

Der Büffel ignoriert den Madenhacker, solange er ihn nicht ins Ohr pickt.

Doktor Madenhacker
Madenhacker picken Zecken aus dem Fell von Büffeln und Zebras. Diese »Operationen« helfen den Tieren, gesund zu bleiben.

Madenhacker sind etwa 12 Zentimeter groß und leben in Afrika.

Graslandvögel

Westlicher Wiesenstärling

Geierperlhuhn

Wellensittich

Goulds Amadine

Rettet die Hühner!
Seit Jahren gibt es immer weniger Präriehühner auf den amerikanischen Prärien, weil der Mensch das Gras umpflügt und riesige Maisfelder anbaut.

Graslandpapageien
Wellensittiche sind kleine, grüne australische Papageien. In regenreichen Jahren sind sie dort die häufigsten Vögel.

Weiße Kehle

Bienenfresser
Zierliche, weißkehlige Bienenfresser fressen fast alle Insekten, bevorzugen aber Bienen. Sobald sie eine erblicken, töten sie sie und verschlucken sie ganz.

Der Bienenfresser tötet die Biene, indem er sie mit dem Schnabel gegen einen Ast schlägt; dann preßt er den Stachel heraus.

Mitläufer
Riesentrappen scheuchen viele Insekten auf, wenn sie durchs hohe Gras schreiten. Bienenfresser jagen vom Rücken der Trappen aus nach Insekten.

Der Rücken der Trappe dient als Start- und Landebahn.

Riesentrappen wiegen etwa 23 Kilogramm.

In Wüsten

Mittags sind heiße, staubige Trockengebiete scheinbar leer. Nur morgens und abends, wenn es kühler ist, verlassen Vögel auf der Suche nach Wasser und Nahrung den Schatten. Elfenkauze fressen saftiges Fleisch und brauchen nichts zu trinken. Flughühner fressen trockene Samen und fliegen zum Trinken täglich bis zu 50 Kilometer.

Saugende Vögel
Die meisten Vögel müssen den Kopf nach hinten neigen, damit Wasser in die Kehle läuft. Flughühner dagegen können saugen.

Wasserträger
Flughuhnmännchen setzen sich in Pfützen. Ihre Bauchfedern saugen Wasser wie ein Schwamm auf, aus dem dann die Küken im Nest trinken.

Zottige Haube

Rennkuckucke können laufen und fliegen.

Rennkuckucke erzeugen mit dem Schnabel ein rasselndes »Klack«.

Nach der kalten Wüstennacht wärmen sie sich mit dem Rücken zur Sonne auf.

Sie verschlingen bis zu 50 Zentimeter lange Klapperschlangen.

Rennkuckucke können so schnell wie Sprinter laufen.

Sie haben – wie die meisten Vögel, die sich am Boden ernähren – lange Beine und Zehen.

Bei ihrem Zickzacklauf über die Wüste halten sie mit Hilfe ihres Schwanzes Balance.

Rennkuckucke sind etwa 30 Zentimeter groß und leben in Mexiko und Nordamerika.

Sandburgenbauer

Ein Taubenwallnister baut kein Nest, sondern häuft Blätter in eine Grube und bedeckt sie mit Sand. Wenn die Blätter faulen, entsteht Wärme, in der die Eier gebrütet werden.

Sandige Vögel

Helle Federn reflektieren die Sonnenwärme und sind eine gute Wüstentarnung.

Dieser kleine Elfenkauz sucht Schutz vor der Sonne in einem Loch, das ein Gilaspecht gemacht hat.

Kleine Goldmeisen hängen auf der Suche nach Insekten kopfüber an Kaktusästen.

Kaktuszaunkönige haben schuppige Beine und harte Federn, die sie vor Kaktusstacheln schützen.

Gilaspechte picken auf der Jagd nach Insekten tote Kaktusteile weg.

Westliche Hüttensänger halten sich im Gebüsch auf.

Helmwachteln suchen unter Steinen nach Nahrung.

Im kalten Süden

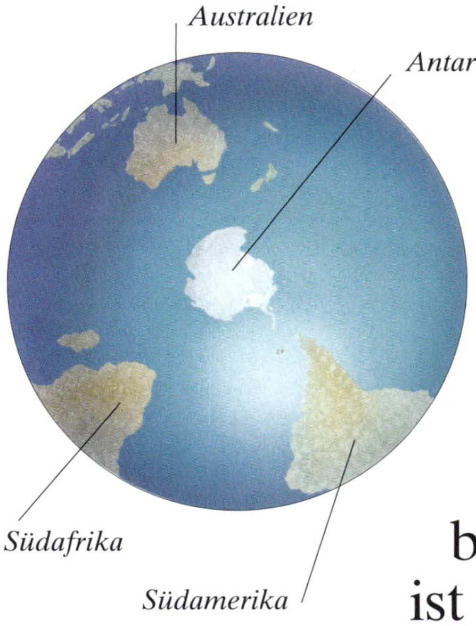

Zügelpinguin

Die Antarktis, das Land, das den Südpol umgibt, ist fast unbewohnt. Die zwei Kilometer dicke Eisdecke, heulende Stürme und tiefe Temperaturen im Landesinneren bieten Pflanzen und Landlebewesen keinen Lebensraum. Aber der Ozean um dieses eisige Land ist voller Leben, und daher sind an den Küsten Millionen von Vögeln heimisch. Die bekanntesten Bewohner sind Pinguine, aber hier leben auch Raubmöwen, Sturm- und Seeschwalben.

Bauchrutscher
Rutschend kommt man am schnellsten auf glattem Eis voran. Statt auf Schlitten rutschen Pinguine auf ihrem Bauch dahin.

Eierdieb
Raubmöwen hungern selten, da sie genügend Pinguineier und -küken erbeuten. Während eine Möwe die Eltern ablenkt, holt sich die andere die Mahlzeit.

Sie stoßen sich mit ihren starken Füßen und Flügeln vorwärts.

Pinguine können nicht fliegen, sind aber hervorragende Schwimmer.

Diese Adeliepinguine müssen über 100 Kilometer von ihren Brutkolonien zum Meer rutschen und gleiten.

Adeliepinguine fressen Krill (Planktonkrebse).

Die längste Nacht
Wenn die Wintersonne untergeht, ist es über zwei Monate lang dunkel.

Pinguine würgen Nahrung aus dem Magen hoch, mit der sie ihre Jungen füttern.

Diese Federweste speichert warme Luft und weist kaltes Wasser ab.

Pinguinbabys wärmen sich, indem sie auf den Füßen ihrer Eltern hocken.

Eine dicke Speckschicht hält Pinguine warm.

Kaiserpinguine sind die größten Vögel der Antarktis. Sie können 1,2 Meter groß werden.

Auf dem Eis
Kaiserpinguinweibchen legen zu Winterbeginn ein Ei, das dann in 64 kalten, dunklen Tagen vom Männchen auf den Füßen gehalten und ausgebrütet wird.

Sicherheit in der Gruppe
Wenn ihre Eltern fischen gehen, bleiben die pummeligen Küken dicht gedrängt warm und sicher vor Raubmöwen zurück.

Alle 15 Sekunden tauchen Pinguine auf und schnappen nach Luft.

Adeliepinguine können bis zu 32 km/h schnell schwimmen.

Mit Schwung schnellen sie sich aus dem Meer.

Seeleoparden fressen Pinguine.

Greifvögel

Geier wühlen beim Fressen mit ihrem kahlen Kopf im Aas – Federn würden sie dabei nur stören.

Adler, Habichte und Falken sind Greifvögel. Diese starken, flinken Vögel töten und fressen Vögel und andere Tiere. Ob sie nun so klein wie ein Spatz sind oder eine Flügelspannweite von drei Metern wie der Kondor haben – alle haben sie Hakenschnäbel, scharfe Klauen und »Adleraugen«, die ein Kaninchen kilometerweit sehen.

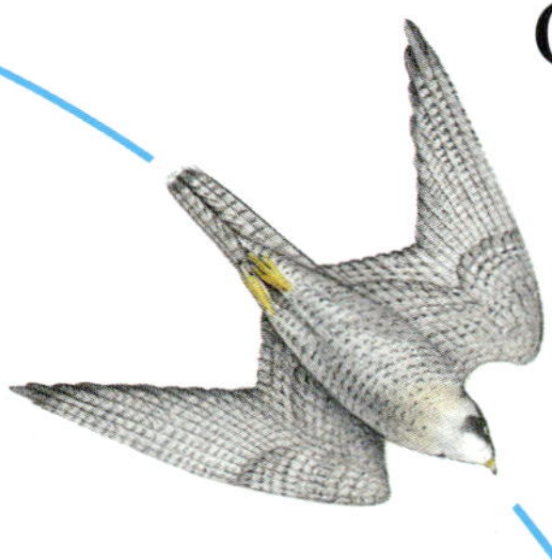

Sturzflug
Wanderfalken stürzen bis zu 160 km/h schnell herab. Im letzten Moment strecken sie die Füße und durchbohren ihr Opfer mit den Klauen.

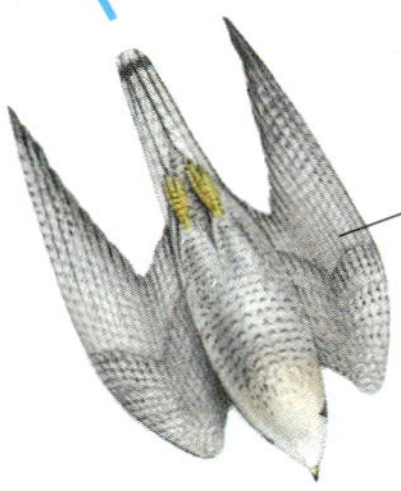

Die Flügel zeigen nach hinten, der Schwanz klappt wie ein Fächer zusammen.

Die Taube wird getötet und fällt zu Boden.

Das größte Nest der Welt
Die Nester oder Horste von Steinadlern können bis zu vier Meter breit werden. Adler erweitern jedes Jahr das alte Nest um ein paar Zweige. Einige Horste sind Hunderte von Jahren alt.

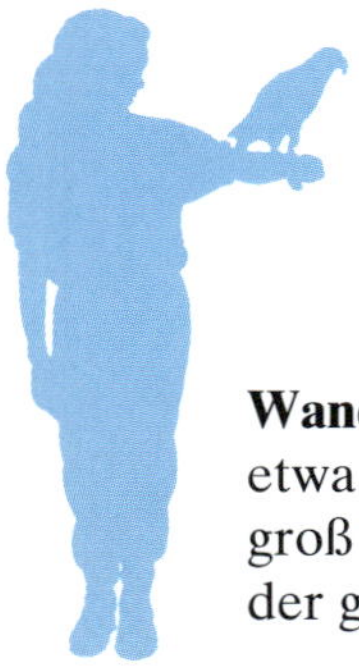

Mit seinen starken Schwingen kann sich der Falke auch mit einer erbeuteten Ente in die Lüfte heben.

Mit seinen spitzen Flügeln kann der Wanderfalke schneller als andere Vögel fliegen.

Der Schwanz dient zum Steuern.

Wanderfalken sind etwa 32 Zentimeter groß und leben auf der ganzen Welt.

Gelenkig
Höhlenweihen können mit ihren langen Beinen Eier, Küken und Fledermäuse aus Baumlöchern holen, weil sich diese gelenkigen Beine nach hinten, nach vorne und sogar seitwärts abbiegen lassen.

Zusammenarbeit
Jahrhundertelang hat man Greifvögel zur Jagd abgerichtet. Im Mittelalter wäre dieser Lannerfalke von einem Falkner betreut worden.

Der Handschuh schützt vor den Krallen des Vogels.

Greifvögel haben sehr scharfe Augen und sehen sehr gut Farben.

Nasenloch

Mit diesem starken Hakenschnabel werden Tiere getötet und zerlegt, bevor sie verschlungen werden.

Wie alle Greifvögel jagen auch Wanderfalken nur einen geringen Teil des Tages.

Viele Greifvögel haben kahle Beine, andere tragen gefiederte »Hosen«.

Mit dieser nadelscharfen Kralle oder Klaue wird die Beute gepackt.

Fleischfressende Vögel

Amerikanischer Turmfalke

Habicht

Harpyie

US-Adler
Dieses Abzeichen der US-Armee trägt einen Weißkopf-Seeadler, das Wappentier der USA.

Vogelzug

Fast die Hälfte aller Vögel der Erde hat zwei Zuhause. Im Winter verlassen sie ihr Sommernistgebiet und fliegen in wärmere, nahrungsreichere Gegenden. Diese alljährliche Reise nennt man Vogelzug. Dabei bewegen sich Vögel gewöhnlich auf »Hauptflugrouten«, die hohe Gebirge und stürmische Meere umgehen. Rätselhaft ist, wie Vögel von einer Seite der Welt zur anderen finden. Man glaubt, daß sie sich von der Sonne, dem Mond oder Landmarken wie Hügeln und Flüssen leiten lassen.

Sicherheit in der Gruppe
Vögel fliegen oft im Schwarm oder in einer Schar – das schützt sie besser vor Gefahren.

Zugführer
Luftwirbel bremsen große Vögel. Das wird durch ein V-förmiges Flugmuster vermieden – so fliegen die Vögel im Windschatten des Vorausfliegenden.

Schwanenring

Eulenring

Kuckucksring

Finkenring

Beinringe
Um zu wissen, wohin ein Vogel fliegt, legt man ihm einen Ring ums Bein. Fängt man ihn irgendwo wieder, weiß man, woher er kommt.

Beim Überqueren schmaler Landzungen schließen sich Weißstörche zu riesigen Schwärmen zusammen.

Rauchschwalben ziehen bis zu 20 000 Kilometer weit – quer über die Wüste Sahara in Afrika.

Erddrosseln fressen viele Beeren vor der Reise.

Winzige Rubinkehl-Kolibris ziehen von Kanada nach Mexiko.

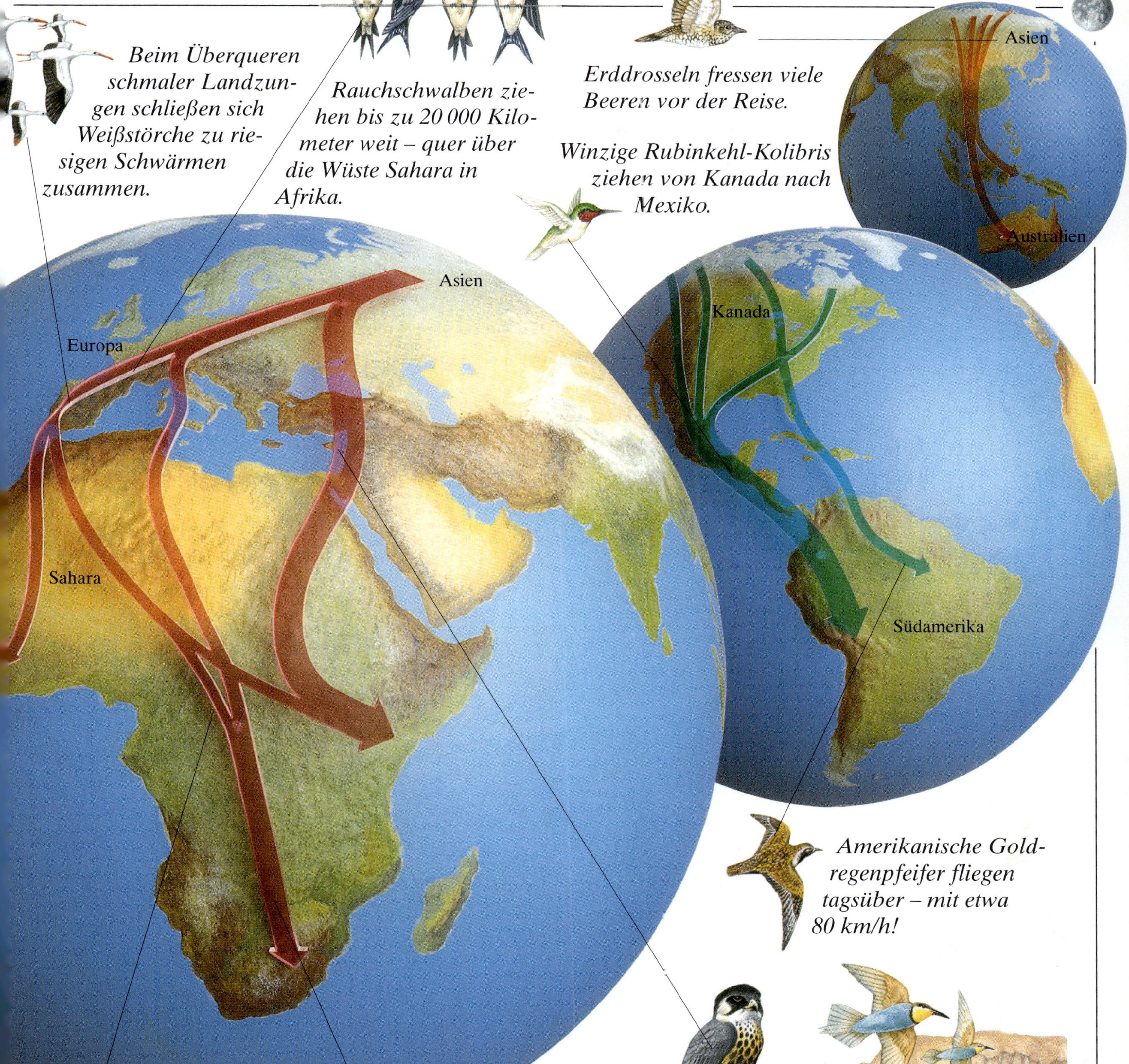

Amerikanische Goldregenpfeifer fliegen tagsüber – mit etwa 80 km/h!

Müde Zugvögel fallen Greifvögeln leicht zum Opfer. Die Küken des Eleonorenfalken werden mit vorbeiziehenden Vögeln immer reichlich satt.

Junge Kuckucke kennen ihre Eltern nicht. Ihr Instinkt führt sie sicher von Europa nach Südafrika.

Segler fliegen mit offenem Schnabel und fangen Insekten. Sie sollen im Flug sogar schlafen können.

Laufvögel

Auge in Auge
Runde Straußenaugen sind fast so groß wie Tennisbälle!

Fliegen ist schwere Arbeit – zum Flügelschlagen und Abheben gehört viel Energie. Für die meisten Vögel lohnt sich die Mühe, denn so können sie sich vor einer Gefahr retten oder Nahrung finden. Aber manche Vögel wie Kiwis und Kagus leben auf Inseln, wo es keine Feinde gibt; andere suchen sich ihre Nahrung im Laufen oder Schwimmen. Im Laufe von Jahrmillionen sind manche Arten wie Strauße, Emus und Pinguine allmählich flugunfähig geworden.

Superei
Strauße legen die größten Eier: Sie sind 24mal größer als ein Hühnerei! Die Schale ist so stark, daß ihr sogar auf einem Straußenei stehen könnt, ohne daß es zerbricht.

Die Schale ist etwa zwei Millimeter dick.

Seine winzigen Flügel sind unter braunen, fellartigen Federn verborgen.

Die Nasenlöcher liegen an der Spitze des langen Schnabels.

Schnüffler
Der Kiwi, der Wappenvogel von Neuseeland, ist einer der wenigen Vögel, die sehr gut riechen können, z. B. Würmer im Boden.

… fertig, los!
Strauße leben in afrikanischen Steppen. Sie können vor Löwen und Hyänen nicht davonfliegen, aber sehr schnell rennen. Mit 70 km/h sind sie viel schneller als ein galoppierendes Pferd.

Nandus sind 1,5 Meter groß, wiegen über 20 Kilo und leben in Südamerika.

Nandus picken mit dem großen, flachen Schnabel auf dem Boden nach Gras, Samen und Blättern.

Diese plustrigen Federn halten den Nandu nachts warm.

Wenn der Nandu seine Flügel wie Segel ausbreitet, kann er mit Rückenwind noch schneller laufen.

Männchen wackeln mit dem dünnen, nackten Hals hin und her und locken so Weibchen an.

Laufvögel haben feste, muskulöse Beine.

Nandus sehen so zerzaust aus, weil die Strahlen ihrer Federn nicht ineinanderhaken. Laufvögel brauchen keine flugtauglichen Federn.

Nandus haben in den Beinen keine leichten Röhrenknochen, sondern feste massive Knochen.

Drei Zehen zeigen nach vorn.

Nandus
sind ungewöhnlich: Die Männchen (!) brüten die Eier aus und sorgen bis zu fünf Monate lang für ihre großen Babys.

Kasuarfuß

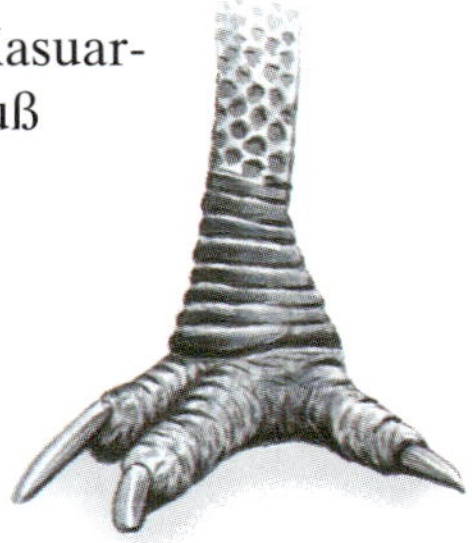

Straußenfuß

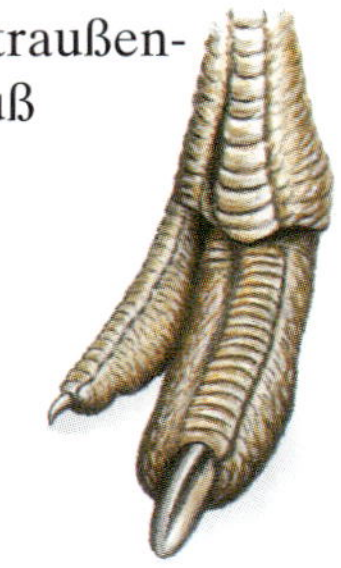

»Laufschuhe«
Der Strauß hat als einziger Vogel zwei Zehen; die meisten Vögel haben vier.

Nachtvögel

Bei Sonnenuntergang gehen die meisten Vögel schlafen – einige aber erwachen erst. Eulen und andere Vögel, die im Dunkeln fliegen und Nahrung suchen, nennt man Nachtvögel. Nachts haben sie weniger Feinde und Konkurrenten bei der Nahrungssuche. Eulen hört man nachts oft rufen – aber man sieht sie nur sehr selten.

Nachtfischer
Watvögel wie dieser Nachtreiher ernähren sich in seichtem Wasser. Wenn mitten in der Nacht Ebbe ist, gehen sie fischen.

Eulen können geräuschlos fliegen, weil speziell geformte Federn die Luft bremsen, wenn sie über die Flügel streicht.

Sacht und lautlos
Im Dunkeln machen Schleiereulen mit den Ohren, nicht mit den Augen ihre Beute aus. Sie können sogar eine Maus fressen hören.

Viele Nachtvögel sind mit ihren dunklen Federn nachts noch besser verborgen.

Habt ihr den Ziegenmelker entdeckt?

Kurzer Schwanz

Wo ist der Vogel?
Am Tag schlafen Ziegenmelker auf dem Boden. Ihre Federn haben die Farbe von Blättern, und wenn sie sich ruhig verhalten, finden Füchse und Falken sie nicht.

Totstellen
Wenn euch ein Eulenschwalm sieht, reckt er seinen Kopf zum Himmel und gleicht einem abgebrochenen Ast. Allerdings riskiert er ein Auge, falls ihr nicht darauf hereinfallt.

Eulengesichter

Waldohreule

Elfenkauz

Schleiereule

Uhu

Eulen sehen nachts zehnmal besser als ihr!

Eulen können ihre Augen nicht bewegen, aber ihren Kopf weit drehen und nach hinten sehen.

Wie bei allen Vögeln sind die Ohren als kleine Schlitze unter Federn verborgen.

Neuseeländische Kuckuckskauze rufen tatsächlich wie unser Kuckuck.

Weiche Federn

Mit diesen gekrümmten Krallen werden Ratten, Mäuse, Eidechsen und Spinnen ergriffen und getötet.

Kuckuckskauze sind etwa 20 Zentimeter groß und leben in Australien und Neuseeland.

Gewölle
Eulen kauen ihre Nahrung nicht – Mäuse und Vögel werden als Ganzes geschluckt. Knochen, Federn und Fell werden nicht verdaut, sondern als Gewölle wieder herausgewürgt.

Schädel | Hüftknochen | Kiefer | Beinknochen | Schulterblätter

Vögel und Menschen

Auf der Erde wird immer mehr Raum für Gebäude, Felder und Straßen beansprucht. Nur wenige Vogelarten kommen damit zurecht: Stare, Sperlinge und Tauben etwa. Sie suchen nun in Gärten statt in Steppen nach Futter, nisten auf hohen Gebäuden statt auf Klippen und jagen in Parks statt in Wäldern.

Nicht scheu
Vögel, die bei Menschen leben, werden sehr zahm. Diese Haussperlinge fressen Samen aus der Hand.

Ein willkommener Gast
Seit Jahrhunderten glauben die Menschen, daß Weißstörche Glück bringen. In europäischen Dörfern legt man Wagenräder auf die Dächer, damit dort Störche nisten.

Vogelacker
Pflügen zerstört die Heimstatt vieler Vögel – aber Kuhreiher lieben Ackerland. In den letzten 40 Jahren haben sie sich in Amerika und Australien ausgebreitet.

Gut eignen sich Obst, Haferflocken und Körner.

Rotkehlchen und Finken fressen vom Vogeltisch.

Blaumeisen hängen sich kopfüber an eine Kokosnuß.

Fädelt ungesalzene Erdnüsse auf eine Schnur.

Hängt Nistkästen in ruhigen Gartenecken auf.

Gartenvögel
Ihr könnt Vögel in euren Garten holen, indem ihr Futter ausstreut. Noch besser ist ein Vogeltisch, weil die Vögel hier vor Katzen sicher sind. Wenn ihr keinen Garten habt, gebt das Futter auf ein Fensterbrett.

Ungewöhnliches Nest
Vögel sind nicht immer sehr wählerisch, wenn sie ein Nest bauen. Diesem Grauschnäpper genügt ein alter Fleischwolf.

Die größten Feinde eines Stadtvogels sind Katzen und Autos.

Haussperlinge ernährten sich einst in Wäldern von Samen. Heute hausen sie in Städten.

Weltbürger
Seit Mitte des 19. Jahrhunderts sind Sperlinge dem Menschen fast überallhin gefolgt. 1852 wurden ein paar in New York ausgesetzt, um 1870 in Australien. Auch hier wurden sie rasch heimisch.

Stadtvögel

Blauhäher leben in Amerika. Diese schmucken Vögel kommen gern an Vogeltische.

Gebirgsloris sind ein farbenfroher Anblick in Parks und Gärten in australischen Tropengebieten.

Heringsmöwen folgen Fischerbooten und suchen auf städtischen Müllhalden nach Nahrung.

Stare leben überall. Bei Sonnenuntergang pendeln sie zum Schlafen in die Städte.

Gefährdete Vögel

Ausgestorben

Dronte

Wandertaube

Riesenalk

Stellt euch vor, es gäbe eines Tages keine Rotkehlchen, Pinguine oder Adler mehr. Tatsächlich ist jede Vogelart gefährdet. Einst waren Wandertauben die häufigsten Vögel auf der Erde, aber dann wurden sie durch den Menschen ausgerottet. Laufvögel, die auf kleinen Inseln leben wie die längst ausgestorbene Dronte, sind besonders in Gefahr, wenn der Mensch ihren Lebensraum vernichtet.

Wappentier
Tausende von Seeadlern wurden abgeschossen oder vergiftet. Nun sind sie in den USA gesetzlich geschützt.

Wodurch Vögel gefährdet werden

Papageien und Aras sind beliebt und sehr teuer. Menschen stehlen ihre Küken und Eier, um sie zu verkaufen.

Viele Vögel werden von Jägern oder Sportschützen erlegt.

Nachdem ihre Heimstatt für Viehweiden abgeholzt wurde, können Waldvögel nirgends mehr leben und werden sterben.

Sandwichgänse fressen Gras. Heute machen ihnen Schafe ihr einst so reichliches Futter streitig.

Mit den Menschen kamen Ratten auf diese Insel. Viele Vögel haben gegen die Ratten keine Chance.

Gefährlicher Zootierhandel
Nur einer von zehn Papageien überlebt den Überseetransport. Über 70 Arten, wie dieser St.-Vincents-Sittich, sind vom Aussterben bedroht.

Gerettet
Als es 1949 nur noch 50 Sandwichgänse auf Hawaii gab, wurden sechs Tiere nach England gebracht. Sie haben sich dort so gut vermehrt, daß Hunderte wieder nach Hawaii gebracht wurden.

Helfende Hand
Kalifornien-Kondore gehören zu den seltensten Vögeln der Erde. Heute leben noch etwa 30 Exemplare in Gefangenschaft. Dieses Küken wurde künstlich ausgebrütet und wird nun mit einer Handpuppe gefüttert, die wie ein ausgewachsener Kondor aussieht.

Schafe fressen die Büsche, in denen Papageischnäbler nisten.

Hawaiianische Sturmschwalben sind selten geworden, da Katzen ihre Eier und Küken fressen.

Falken sterben, wenn sie Mäuse fressen, die Samen mit Pestiziden gefressen haben.

Felder werden mit Pestiziden besprüht. Diese Stoffe gelangen dann zum Teil ins Meer.

Mit Fischen gelangen Pestizide in Pelikane, die ihre Eier nicht mehr ausbrüten können, weil die Schale nun brüchig ist.

Ausgelaufenes Öl tötet Meeresvögel.

Stichwörter

Anpassung Vorgang der Veränderung, durch den das Überleben in einer neuen Umgebung ermöglicht wird.

Art Eine Gruppe von Vögeln, die sich – ausschließlich miteinander – paaren und vermehren können.

Auftrieb Die nach oben gerichtete Kraft, die Vögel in der Luft hält. Entsteht durch die Strömung der Luft über den Flügeln.

Ausgestorben Eine Art ist ausgestorben, wenn ihre sämtlichen Angehörigen tot sind.

Balz Die Art und Weise, wie ein Vogel einen Partner zur Paarung anlockt.

Beute Tiere, die von anderen Tieren gejagt und gefressen werden.

Brüten Warmhalten der Eier, gewöhnlich durch Daraufsitzen, so daß die Küken darin wachsen und schließlich schlüpfen können.

Brutfleck Zur Brutzeit entsteht am Bauch eines Vogels eine nackte Hautstelle, mit der die Eier gewärmt werden.

Brutzeit Die Jahreszeit, in der Vögel Nester bauen, Eier legen und ihre geschlüpften Jungen aufziehen.

Ei Wird von einem weiblichen Vogel nach der Paarung gelegt. Im Inneren dieses hartschaligen, ovalen oder runden Gebildes wachsen die kleinen Küken heran, bis sie schlüpfen.

Federn Flache, leichte »Fransen«, die fast den ganzen Körper eines Vogels bedecken. Sie halten ihn warm und trocken und ermöglichen es vielen Arten zu fliegen.

Federkleid Sämtliche Federn eines Vogels. Während der Brutzeit ist es oft bunter als gewöhnlich.

Flügelspannweite Die Entfernung zwischen den zwei Flügelspitzen.

Flugmuster Die Art und Weise, wie sich ein Vogel durch die Luft bewegt: zum Beispiel gerade oder wellenförmig auf und ab.

Gleitflug Flugform, bei der die Flügel ruhig bleiben und der Wind genutzt wird.

Hahn Ein männlicher Vogel.

Henne Ein weiblicher Vogel, der Eier legt.

Hocken Die Art und Weise, wie sich ein Vogel ausruht.

Instinkt Wissen, wie man etwas tun muß, ohne es gelernt zu haben. Vögel bauen ihre Nester instinktiv.

Klippe Eine steile, hohe Felswand, auf der Meeresvögel nisten. Klippen gibt es oft an Meerufern.

Kolonie Eine Gruppe von Vögeln derselben Art, die an einem Ort nisten.

Küken Ein junger Vogel, der noch nicht fliegen kann.

Mauser Das Abwerfen alter Federn und das Nachwachsen neuer.

Nachtvögel sind nachts aktiv und schlafen am Tag.

Nest Ein Ort, an dem die Eier ausgebrütet und meist auch die Jungen aufgezogen werden.

Nestflüchter Ein Küken, das bald nach dem Schlüpfen sein Nest verläßt, laufen und selbst Futter suchen kann.

Nesthocker Ein Küken, das nach dem Schlüpfen im Nest bleibt, dort gefüttert wird und heranwächst.

Putzen Die Art und Weise, wie ein Vogel seine Federn mit dem Schnabel säubert, einölt und in Ordnung bringt.

Rütteln Sich durch Flügelschlagen an einer Stelle über dem Boden halten.

Samen Von Pflanzen nach der Blüte gebildete Teile zur Vermehrung. Sie dienen vielen Vögeln als Nahrung.

Schar Eine Gruppe Vögel, die zusammen fliegt.

Schlüpfen Ein Küken schlüpft, wenn es aus dem Ei kriecht.

Schnabel Der hornige Teil eines Vogelmunds, mit dem er Futter sammelt.

Tarnung Durch entsprechende Farben und Muster der Federn sehen viele Vögel ihrer Umgebung ähnlich und sind so vor ihren Feinden verborgen.

Territorium Das Gebiet, in dem ein Vogel lebt. Es wird von ihm gegen Eindringlinge verteidigt.

Thermik Spiralförmig aufsteigende Warmluft, mit der sich große Vögel nach oben treiben lassen.

Wüste Ein Trockengebiet, in dem wenig oder gar kein Regen fällt.

Danksagung

Fotografie: Andy Crawford, Steve Gorton, Cyril Laubscher, Tim Ridley, James Stevenson und Jerry Young.

Illustrationen: Sandra Doyle, Roy Flooks, Mick Gillah, Edwina Hannah, Stuart Lafford, Mick Loates, Sean Milne und John Searl.

Modelle: Donks Models.

Besonders danken möchten wir: Eddie Hare vom Raptor Centre in Chilham, Kent, und der Truly Scrumptious Child Model Agency.

Bildnachweis

Doug Allen: 35ul & ur; **Aquila Photographics:** Conrad Greaves 23o; **Ardea:** G. K. Brown 33r, Kenneth W. Fink 47l, A. Greensmith 44r, John Swedberg 26; **Biofotos:** Paul Ormerod 38o; **Bruce Coleman Ltd.:** Jen & Des Bartlett 32l, Erwin & Peggy Bauer 31r, Jane Burton 6, David Chouston 36o, Francisco Erize 34o, Jeff Foott 32r, Frances Furlong 26o, Dennis Green 12, 45, Frank Greenaway 27o, Gordon Langsbury 27ul, Hans Reinhard 1, 16, John Shaw 18/19, Joseph Van Wormer 47r; **Comstock Inc.:** George Lepp 12/13; **FLPA:** M. Newman 14/15, Fritz Pölking 30, Len Robinson 43; **Jacana:** Jean-Michel Labat 11, Jean-Philippe Varin 13o; **Nature Photographers Ltd.:** Frank Blackburn 36u, Kevin Carlson 22u, Hugh Clark 19, Andrew Cleave 27ur, Ernie Janes 23u, Roger Tidman 20; **NHPA:** N. Dennis 40o, Hellio & Van Ingen 38u, L. H. Newman 31l, John Shaw 15, 46, Roger Tidman 13u, Dave Watts 34u, Martin Wendler 41; **Oxford Scientific Films:** Doug Allen 35or, G. Bernard 28, J. C. Cannon 35ol, John Downer 17, Michael Leach 3, 44, James H. Robinson 10, Ronald Toms 33l; **Planet Earth Pictures:** Nick Greaves Vorsatzblatt, Richard Coomber 22o; **Survival Anglia:** Jen & Des Bartlett 40u; **Keith A. Szafranski:** 24or; **ZEFA:** 14, 26/27, 40M, Heintgel 24ol, oM & u; **Zoological Society of San Diego:** Ron Garrison 47M.

o = **oben**, u = **unten**, l = **links**, r = **rechts**, M = **Mitte**
ol = **oben links**, or = **oben rechts**, oM = **oben Mitte**, ul = **unten links**

Register